Vorwort

Lilly und Tom sind Freunde. Ihre Eltern arbeiten bei BASF – so wie dein Papa oder deine Mama und mehr als 100.000 andere Menschen auf der ganzen Welt. Kein Wunder, dass du Lilly und Tom noch nicht kennst. Auf den nächsten Seiten wird sich das aber garantiert ändern. Denn die beiden machen mit Zauberer Albert und seinem fliegenden Zauberteppich eine spannende Entdeckungsreise zu BASF.

Albert kann viele tolle Sachen zaubern. Am liebsten mag Lilly seine schönen, bunten Seifenblasen. Albert verrät ihr, dass Lillys Papa das Geheimnis kennt, wie aus der Flüssigkeit in den Pusteröhrchen große Seifenblasen werden. Denn als Chemiker ist er Experte – natürlich nicht nur für „Geheimrezepte" von Seifenblasen.

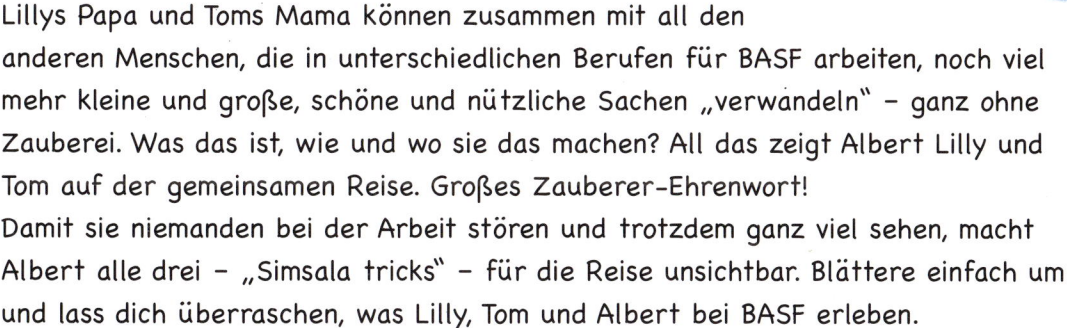

Lillys Papa und Toms Mama können zusammen mit all den anderen Menschen, die in unterschiedlichen Berufen für BASF arbeiten, noch viel mehr kleine und große, schöne und nützliche Sachen „verwandeln" – ganz ohne Zauberei. Was das ist, wie und wo sie das machen? All das zeigt Albert Lilly und Tom auf der gemeinsamen Reise. Großes Zauberer-Ehrenwort!
Damit sie niemanden bei der Arbeit stören und trotzdem ganz viel sehen, macht Albert alle drei – „Simsala tricks" – für die Reise unsichtbar. Blättere einfach um und lass dich überraschen, was Lilly, Tom und Albert bei BASF erleben.

Viel Spaß dabei wünschen dir und deinen Eltern

Fast wie in einer richtigen Stadt

Tom hält mit einer Hand seine Kappe fest, die kleine Lilly greift aufgeregt nach seinem Arm:

„Juhu, Zauberer Albert fliegt mit uns auf seinem magischen Zauberteppich zu BASF!"

4

„Hier sieht es ja aus wie in einer richtigen Stadt", staunt Tom, der von oben einen tollen Überblick hat. Lilly entdeckt viele Straßen, auf denen Lkw, Busse und Menschen auf Fahrrädern unterwegs sind.

„Schau mal, dort gibt es sogar Feuerwehrautos", ruft Tom begeistert. „Und einen Hafen und unendlich viele Schienen." Lilly winkt den Menschen zu und wundert sich, dass keiner sie auf dem Teppich sieht. „Simsala getrickst, wir sind doch unsichtbar!", erinnert der Zauberer.

So riesig hätten sich die Kinder BASF nicht vorgestellt. Aber die großen Häuser sehen irgendwie anders aus als zu Hause: „Stimmt!", sagt der Zauberer. „Weil die Menschen hier nur arbeiten. Aber sie wohnen – wie eure Eltern – woanders. In den Gebäuden, die ihr seht, sind Fabriken, Büros und Labore untergebracht. Und weil bei BASF Tag und Nacht gearbeitet wird, gehen in vielen Fabriken nie die Lichter aus."

 Aha! Die älteste BASF-„Stadt" steht in Ludwigshafen. Verglichen mit weiteren großen BASF-Standorten in Europa, Amerika und Asien ist das Gelände in Ludwigshafen auch das größte. Stell dir vor: 1400 Fußballfelder hätten dort Platz! Ob es um die Versorgung mit Arbeitsmaterial, Strom, Wasser oder die Abfallentsorgung geht: Hier ziehen alle an einem Strang.

So viele Rohre!

Als sich die drei dem Gelände nähern, fällt Lilly noch etwas anderes auf. Sie zeigt auf große Rohre, die sich durch das ganze Gelände und um die Gebäude ziehen. „Von oben sehen sie aus wie riesige Schlangen", meint Tom. Der Zauberer lacht und versucht, den „Schlangenlinien" nachzufliegen: „Diese Rohrleitungen sind sehr nützlich. Über sie wird sehr vieles von dem transportiert, was die BASF zur Herstellung ihrer Produkte benötigt: In den grünen Wasser, in den gelben Gas, in den roten Dampf und in den blauen Sauerstoff."

🏭 = Die Verbundstandorte sind: Ludwigshafen (Deutschland), Antwerpen (Belgien), Nanjing (China), Kuantan (Malaysia) und Geismar sowie Freeport (beide USA).

🔴 = Weitere Standorte der BASF

„Was sind eigentlich Produkte?",
fragt Lilly. „Das sind Dinge, die man
herstellt. In der Fachsprache heißt das
produzieren", sagt Albert. „Ein Kuchen
ist zum Beispiel ein Produkt.
Um ihn backen zu können, braucht
der Bäcker Zutaten wie Mehl
und Eier."
Die drei landen auf dem
Werksgelände der BASF, dem
größten Chemieunternehmen
der Welt. „Auch euer Kinder-Rol-
ler ist ein Produkt. Er braucht bestimmte ‚Zutaten', um fahren zu können. Zum
Beispiel den Kunststoff für die Rollen:
Darum kümmern sich die Spezialisten
von BASF."

Was die alles können

„Echt? Mein Roller hat etwas mit BASF
zu tun?" Toms Augen leuchten auf.
„BASF-Produkte findest du nicht nur an
deinem Roller", sagt der Zauberer. Sie
können ganz schön viel: So sorgen sie
zum Beispiel dafür, dass euer Auto grün
oder rot lackiert ist, verschmutzte
Wäsche wieder richtig weiß wird, deine
Schaumstoff-Matratze bequem ist, die
Babywindel viel Flüssigkeit aufsaugen
kann und Pflanzen besser vor Krankheiten
geschützt werden."

Verwandeln ist viel mehr als Zauberei

Tom drängelt. Er will unbedingt sehen, wie das mit den Rollern funktioniert. Auch Lilly schaut sich neugierig um:

„Können wir gleich zwei neue ausprobieren?" Albert schmunzelt: „Nein. Die Teile eines Rollers werden an unterschiedlichen Orten gefertigt und dann erst in großen Fabriken zusammengebaut. BASF stellt ganz viele Kunststoffe her, aus denen ihre Kunden sich dann die richtige Mischung für die Rollen zusammenstellen. Robust und extrem haltbar muss der Kunststoff sein, so dass ihr sicher darauf flitzen könnt."
Der Zauberer weiß: „Die Menschen, die hier arbeiten, stellen aber auch noch viele andere ‚Stoffe' her."

Stoffe können auch unsichtbar sein

Lilly schüttelt empört den Kopf: „Albert, jetzt flunkerst du. Aus Stoffen werden T-Shirts oder Hosen gemacht." „Nicht nur, du Naseweis!", erwidert der Zauberer. „Um uns herum gibt es noch viel mehr ‚Stoffe' als die, aus denen unsere Kleidung geschneidert wird. Viele sind sogar unsichtbar. Wir können sie nicht anfassen – und sie sind trotzdem da." Lilly und Tom schauen zweifelnd. „Habt ihr schon mal davon gehört, dass ihr viel Sauerstoff tankt, wenn ihr an der frischen Luft spielt?" „Stimmt!", Tom fällt ein, dass Mama ihm gesagt hat: „Dieser ‚Stoff' macht nicht sauer, sondern richtig munter!"

Tipp für Kids

Die Luft mit ihrem Sauerstoff kannst du durch einen kleinen Trick sichtbar machen. Tauche ein leeres Glas mit der Öffnung nach unten in eine mit Wasser gefüllte Schüssel. Was siehst du? Richtig: noch nichts! Kippst du das Glas ein wenig, entweichen ihm viele Blubberblasen. Diese Blasen sind nichts anderes als die Luft, die schon vorher – unsichtbar – im Glas war. Menschen brauchen die Luft zum Atmen, Kerzen brauchen sie zum Brennen. Wenn Mama oder Papa ein Glas über die brennende Kerze stülpen, verlöscht sie, sobald sie den gesamten Sauerstoff im Glas verbraucht hat.

„Ich verrate euch das Geheimnis"

Albert atmet tief ein, blinzelt zweimal und ruft mit jedem Wimpernschlag „Simsala tricks". Beim ersten Mal beginnt es zu regnen. Beim zweiten Mal gefriert der Regen zu Eis. „Brrrr", die plötzliche Kälte lässt Lilly und Tom bibbern.

„Das Geheimnis, das hinter vielen ‚Verwandlungen' steckt, wird Chemie genannt", verrät Albert, „und – pst! – das hat nichts mit Zauberei zu tun! In der Chemie verändern sich sichtbare und unsichtbare Dinge, wenn sie sich miteinander verbinden: Wasser ist flüssig und wird durch Kälte zu festem Eis. Hitze lässt Wasser verdampfen, es wird zu Gas."

„Wie der Dampf aus dem Kochtopf", sagt Lilly. „Den kann ich nach einer Weile nicht mehr sehen." „Er dehnt sich aus, vermischt sich mit der Luft und wird unsichtbar", erklärt Albert den Grund.

Nützliche Mischungen

Die Leute, die sich besonders gut mit flüssigen, festen und gasförmigen Stoffen, ihren Eigenschaften, Reaktionen und Wirkungen auskennen, heißen Chemiker. Albert sagt, dass bei BASF ganz viele Chemiker arbeiten. „Hier werden in großen Laboren – ähnlich wie bei euch zu Hause beim Kuchen- oder Plätzchenbacken – Zutaten gewogen, gemessen, miteinander gemischt oder auch wieder getrennt, bis daraus neue ‚Stoffe' entstehen, die unterschiedlich genutzt werden können."

Such mit!

Albert zaubert ein Bild für die Kinder, auf dem sie Produkte finden können, die mit Unterstützung von BASF hergestellt werden. Hilf Lilly und Tom beim Suchen! Wenn du fertig bist, findest du mit Mama und Papa die richtigen Antworten auf Seite 39.

Starkes Team mit guten Partnern

Lilly und Tom haben mit deiner Hilfe schnell entdeckt, was BASF so alles macht. Sie sind mächtig stolz auf ihre Eltern: „Ich will auch mal Chemikerin werden. Dann mische ich selbst Stoffe und helfe dadurch, neue Spielsachen zu erfinden", schwärmt Lilly.

Albert erklärt, dass Toms Mama und Lillys Papa all die schönen und nützlichen Dinge, für die BASF die notwendigen „Zutaten" liefert, natürlich nicht alleine herstellen

können: „Sie arbeiten mit Partnern in einem Team, in dem die Aufgaben gut verteilt sind. Jeder macht das, was er am besten kann." „Genau wie mein Freund Henry und ich, wenn wir mit unseren Freunden Fußball spielen. Er steht im Tor, weil er besser fangen kann. Und ich schieße die Tore. Wir wollen ja die Besten sein und gewinnen!", sagt Tom.

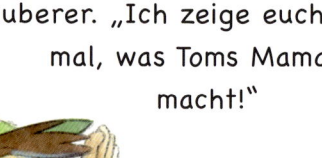

„Auch BASF ist es wichtig, die besten Ergebnisse zu erzielen. Dafür ist ein großes Team erforderlich." „Ganz viele Chemiker?", fragt Lilly. „Nicht nur Chemiker, sondern auch Menschen aus vielen anderen Berufen", weiß der kluge Zauberer. „Ich zeige euch mal, was Toms Mama macht!"

Albert fliegt mit Lilly und Tom – „Simsala tricks" – für einen kurzen Besuch auf dem Zauberteppich nach Nanjing in China. Denn Toms Mama ist gerade dort auf einer Dienstreise und berät ihre chinesischen Kollegen. Tom flüstert Lilly ins Ohr, dass seine Mama Ingenieurin ist. „Ingenieurin?" Das hat Lilly noch nie gehört ...

„Da ist meine Mama!", ruft Tom, der seine Mutter auch mit Schutzhelm erkennt. Sie schaut sich einen neuen Teil einer großen Anlage an. „Was macht Toms Mama da?", fragt Lilly. „Ingenieure kennen sich sehr gut mit Technik aus", antwortet Albert. „Wie bei euch zu Hause, wo ihr zum Teiganrühren für einen Kuchen eine Maschine braucht, benötigen die Chemiker für die Herstellung ihrer Produkte ebenfalls technische Geräte. Die Ingenieure planen, bauen und überwachen Maschinen, Geräte und Anlagen. Die Maschinen- und Anlagenführer, mit denen sich Toms Mama gerade bespricht, sorgen dafür, dass alle Maschinenteile immer gut funktionieren und die Anlagen nie stillstehen."

Was braucht der Kunde?

Bei jedem neuen Produkt, das BASF herstellt und an die Kunden liefert, sind gute Absprachen wichtig. Daran sind ganz viele Menschen mit unterschiedlichen Berufen beteiligt.

Der Zauberer sagt: „Wenn ihr mit den Eltern einen Roller kaufen geht, fragt euch der Verkäufer, wie der Roller sein soll: ,silbern, bunt, mit kleineren oder größeren Rollen?'" „Silbern", meint Tom.

„Ich will einen roten", träumt Lilly vor sich hin. Albert schmunzelt: „Auch die Kunden, die bei BASF einkaufen, brauchen und wünschen unterschiedliche Dinge. Deshalb fragen Kaufleute bei BASF zum Beispiel einen Roller-Fabrikanten, wie der Kunststoff für die Rollen sein soll: ganz hart oder formbar? Erst wenn sie das wissen, können die Chemiker die passenden ,Zutaten' mischen und so den Kunststoff herstellen."

Wenn Produkte auf die Reise gehen

Simsala tricks - Albert fliegt mit den Kindern nach Antwerpen, einer Stadt am Meer in Belgien, wo BASF einen großen Standort hat. Bei der Landung fällt Albert der Stab aus der Hand. Der Zauberer schaut nach, ob sein Zauberstab Risse oder Kratzer bekommen hat. Zum Glück ist alles in Ordnung. Er erklärt den Kindern: „Kontrollen sind wichtig. Denn nur, was gut ist und keine Mängel hat, funktioniert und ist sicher: Das gilt für meinen Zauberstab genauso wie für die Anlagen der BASF, die von Werkstoffprüfern, Chemikanten und Technikern immer genau unter die Lupe genommen werden. Ebenso wie das fertige Produkt, das das BASF-Gelände erst nach einer sorgfältigen Prüfung verlässt."

Wie die Produkte dann zu den Kunden kommen? Mit dem Schiff, dem Lkw, dem Zug? Auch da hat sich der Zauberer gut umgeschaut: „Um den bestmöglichen Transport kümmern sich viele Menschen bei BASF: die Kaufleute, die den Kontakt zu den Transport-Firmen aufbauen und halten, ebenso wie die Mitarbeiter, die die Produkte sicher lagern, verpacken, fahren und verschiffen. In Antwerpen werden viele Container beladen und in die ganze Welt verschifft."

Wer viel weiß, hat viel gelernt

Experten sind Menschen, die etwas besonders gut wissen und können. Im BASF-Team arbeiten viele Experten. Albert erzählt Lilly und Tom: „Das Wissen, das sie für ihre Arbeit benötigen, können junge Menschen nach der Schule bei einem Unternehmen wie BASF oder an einer Universität erwerben. BASF bildet in über 50 Berufen aus: zum Chemielaboranten, Technischen Zeichner, Chemikanten, Werkstoffprüfer, Mechatroniker ..."
„Ich möchte mal Feuerwehrmann werden!", stoppt Tom die Aufzählung. „Auch das ist hier möglich", sagt Albert. „Und wenn du es dir doch noch mal anders überlegst: Bei BASF kannst du sogar Eisenbahner werden."

Aha! Wer bei BASF eine Ausbildung machen möchte, wendet sich an die Personalabteilung. Die Experten fürs Personal kümmern sich aber nicht alleine um die Auszubildenden, sondern um alle Menschen, die bei BASF arbeiten oder arbeiten wollen. Sie führen Gespräche mit Bewerbern, schreiben Zeugnisse und sorgen zum Beispiel auch dafür, dass deine Mama und dein Papa jeden Monat das vereinbarte Geld für ihre Arbeit bekommen.

Von der Bohrinsel zum Steamcracker

Lilly überlegt, welche „Zutaten" die BASF wohl braucht, um ihre Produkte herzustellen. „Was brauchst du zum Kuchenbacken?", fragt Albert zurück. „Zucker und Mehl", antwortet Lilly. „Hast du da nicht etwas ganz Wichtiges vergessen? Für den Teig benötigst du auf jeden Fall Eier! Das, was in eurer Küche die Eier sind, ist für BASF das Erdöl: ein wichtiger Rohstoff für viele Produkte. Das Öl fördert die BASF mit eigenen Bohrinseln. Es ist der Grundstoff für den Steamcracker.

So wie ein Ei für das Gelingen eures Lieblingskuchens manchmal in Eigelb und Eiweiß getrennt wird, kann auch ein bestimmter Teil des Erdöls, das so genannte Naphtha, in noch kleinere Bestandteile zerlegt werden", erklärt Albert. „Das macht BASF in Anlagen, die Steamcracker heißen.

Der Steamcracker ist für BASF ähnlich wichtig wie das Herz für unseren Körper." Der Zauberer legt Lillys Hand auf ihr Herz: „Fühl mal, es klopft unermüdlich und pumpt das Blut mit frischem Sauerstoff in deinen Körper."

Aha! BASF braucht große Mengen an Rohstoffen. Auch Energie zum Heizen und Strom braucht die BASF für die Arbeit. Erdöl und Erdgas, die auch bei euch zu Hause wichtig für die Heizung sind, gewinnt das Unternehmen selbst.

Auch der Steamcracker arbeitet Tag und Nacht, um das Naphtha in Stoffe zu teilen, die sehr viele Labore und Fabriken zum Herstellen ihrer Produkte brauchen.

Alles unter Kontrolle

„Simsala – jetzt aber ganz fix!", zaubert Albert sich und die Kinder in die Messwarte des Steamcrackers: Sie ist eine Art Überwachungszentrale. Dort überprüfen Chemikanten das Entstehen der neuen Stoffe und die Sicherheit der Anlage. Chemikanten wissen viel über

Stoffe und wie sie mit welchen Maschinen richtig verarbeitet werden. Sie kontrollieren unter anderem den Wasserstand in den Dampfkesseln und die Temperaturen der Stoffe.

Tom staunt über all die Bildschirme und Computer, die den Chemikanten anzeigen, was gerade wo geschieht. Das meiste läuft automatisch, aber die Mitarbeiter sitzen am Steuer. Sie behalten die Bildschirme fest im Auge – damit sie sofort eingreifen können, wenn zum Beispiel ein Kessel oder ein Stoff zu heiß wird.

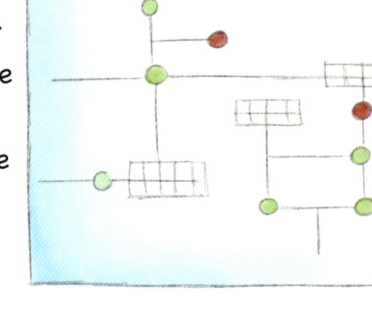

Wichtige Verbindungen

Computer gibt es natürlich nicht nur im Steamcracker. Sie sind überall bei der BASF wichtig für die Arbeit. Deshalb schaffen Informatiker mit Computern und Verbindungen die Voraussetzungen, dass das große Mitarbeiter-Team selbst über Tausende von Kilometern in Kontakt bleibt. So können alle immer blitzschnell Neuigkeiten austauschen, ohne reisen zu müssen.

„Wenn ich mit Zauberer-Kollegen in anderen Ländern reden will, sause ich – Simsala tricks, ganz fix – mit meinem Zauberteppich zu ihnen", erzählt Albert schmunzelnd.

den Kabelsalat mit einem „Tricks zurück" schnell wieder verschwinden. Albert lacht: „Mit Kabeln kenne ich mich leider nicht so gut aus wie mit dem Zaubern. Glücklicherweise sind bei BASF überall gleich Experten zur Stelle, wenn sie gebraucht werden."

„Was für Experten?", hakt Lilly nach. „Mitarbeiter wie zum Beispiel Mechatroniker und Anlagenmechaniker, die sich um die Maschinen, Apparate und Rohrleitungen kümmern. Sie bauen Maschinen zusammen, kontrollieren, prüfen und reparieren sie, wenn nötig." „Jetzt versuche aber bitte nicht, eine Maschine herbeizuzaubern", lacht Tom und versucht, Albert den Zauberstab wegzunehmen.

„Was macht der Mann da?", fragt Lilly in einem Raum mit vielen Computern. „Für gute Verbindungen braucht man Kabel", sagt Albert. „Elektroniker schauen, dass die Kabel überall an der richtigen Stelle sind. Damit die Computer und andere Geräte, die sie verbinden, wie vorgesehen funktionieren. So kommt es trotz der vielen Leitungen zu keinem Kabelsalat." Tom versucht sich vorzustellen, wie ein Kabelsalat aussieht. Albert zaubert ein wirres Gestrüpp an Kabeln herbei. Als er sich selbst darin verheddert, lässt er

In Papas Chemie-Labor

Neugierig wie kleine Detektive versuchen Lilly und Tom herauszubekommen, wo die Rohrleitungen des Steamcrackers enden. Sie führen zu so vielen Anlagen und Gebäuden, dass die Kinder gar nicht wissen, wo sie zuerst nachschauen sollen. Der Zauberer nimmt die beiden bei der Hand und geht mit ihnen zu einem nahe gelegenen Gebäude. „Schau, Tom, da ist mein Papa", jubelt Lilly.

Lillys Papa ist Chemiker. Zusammen mit Kollegen arbeitet er an den vom Kunden gewünschten Kunststoffen. Wie ein richtiger Erfinder entwickelt er in seinem Spezialgebiet ganz neue Produkte oder hilft dabei, Sachen, die Menschen schon nutzen, immer besser zu machen. Dazu brauchen Lillys Papa und sein Team viele sichtbare und unsichtbare Stoffe.

Wieso, weshalb, warum?

Tom schaut sich im Labor um: „Hier gibt es auch Waagen, aber noch viel mehr Geräte als in unserer Küche!" In den Regalen und Schränken stehen Flaschen, Bechergläser, Röhrchen, Messzylinder und auch Gefäße, die wie Ballons aussehen. Die meisten dieser Laborgeräte sind aus Glas, so dass die Forscher sehen, was passiert, wenn sie beispielsweise zwei Stoffe miteinander mischen.

„Wieso tragen hier alle weiße Kittel und Brillen?", will Lilly wissen. „Wenn eure Eltern zu Hause kochen, tragen sie vorsorglich eine Schürze", antwortet der Zauberer. „Damit schützen sie ihre Kleidung vor Verschmutzung. Die Menschen, die im Labor arbeiten, tragen Kittel, Brillen aus bruchsicherem Kunststoff und manchmal Handschuhe, um die Augen und ihre Haut vor Verletzungen zu schützen. Zum Beispiel, wenn sie mit starken Säuren arbeiten. Das sind Stoffe, die sogar große Löcher in die Kleider oder die Haut fressen könnten.

BASF ist es ganz wichtig, dass alle Mitarbeiter bestmöglich geschützt sind. In den Anlagen tragen sie dazu auch Helme und Arbeitsschuhe.

So bleibt eine Windel trocken

In der Stadt Charlotte in Amerika gibt es ein Windellabor der BASF. Dort testet eine Chemielaborantin, wie viel Flüssigkeit eine Windel mit Superabsorber aufnehmen kann. Superabsorber ist ein Kunststoff, der bestimmte Flüssigkeiten aufsaugt und nicht mehr hergibt. „Simsala tricks" – Albert fliegt mit den Kindern auf seinem Zauberteppich nach Amerika und zeigt ihnen, wie Superabsorber aussieht. „Wie kleine Kügelchen", sagt Lilly.

Die Laborantin legt die Windel für eine Weile in Wasser und schneidet dann die Innenseite mit einer Schere auf. Tom staunt: „Die Kügelchen sind richtig groß geworden." „Sie sind durch das Wasser aufgequollen", sagt Albert. „Eine geringe Menge dieses Kunststoffs speichert viel Flüssigkeit, damit der Po von Babys nicht nass wird."

Als die Laborantin dann eine Glasflasche mit gelber Flüssigkeit holt, hält sich Lilly die Nase zu: „Igitt, Pipi!" „Du kannst die Nase wieder aufmachen", sagt Albert. „Das ist nur gefärbtes Wasser, um zu sehen, wo die Flüssigkeit bleibt, wenn sie auf die Windel gegeben wird." Das testet die Laborantin und legt blaues Filterpapier auf die Innenseite der Windel. Das „Löschpapier" zeigt fast keine Flecken. „Das Ergebnis des Tests ist so, wie wir es erwartet haben", sagt sie ihrem Kollegen.

Vielseitige Talente

Albert will den Kindern etwas zeigen. „Simsala tricks" – und schon schwebt sein Zauberstab in der Luft. In der rechten Hand hält der Zauberer dafür einen Schwamm, in der linken Hand eine Windel. „Beide können das Gleiche", sagt er. „Windel und Schwamm saugen Flüssigkeit auf. Drückt ihr auf den Schwamm, fließt das Wasser wieder raus. Das braucht ihr ja, wenn ihr zum Beispiel eine Tafel säubern wollt. Wenn man auf die Windel drückt, passiert – glücklicherweise – nichts. Denn sonst würden Babys schnell im Feuchten sitzen."

Albert legt die Windel und den Schwamm beiseite: „Für unterschiedliche Zwecke brauchen wir auch unterschiedliche Kunststoffe. Einen Trick, um die passenden Eigenschaften herbeizuzaubern, gibt es aber leider nicht. Dazu gehören viel Wissen, gute Ideen und natürlich auch ein bisschen Forscherglück. BASF erstellt in vielen Arbeitsschritten, was die Kunden wünschen und Menschen in allen Teilen der Erde brauchen!"

Gut aufpassen!

Für die Mitarbeiter bei BASF ist vor allem das Thema Sicherheit wichtig. Wie Chemiker kennen sich auch Laboranten gut mit den „Zutaten" aus, die sie verarbeiten. Das ist sehr wichtig, denn bei falschen Mengen oder Hitze statt Kälte können manche Stoffe und Mischungen explodieren. Albert weiß: „Ein bisschen ist das wie zu Hause beim Kochen. Im kalten Zustand wird aus Öl und Wasser eine Salatsoße. In eine Pfanne mit heißem Öl darf kein Wasser gegeben werden, weil das heiße Öl sonst spritzt und sogar brennen kann. Die

Mitarbeiter in den Chemie-Laboren wissen das und noch viel mehr – zum Beispiel, dass es auch giftige Stoffe gibt. Sie passen deshalb genau auf, damit keine Unfälle passieren."

Albert, Lilly und Tom machen sich gemeinsam auf die Reise zurück nach Ludwigshafen. Bei ihrer Landung hören die Kinder ein lautes Tatütata. Hat es jetzt etwa doch einen Unfall gegeben?

Wasser marsch!

Albert, Lilly und Tom folgen dem Sirenengeheul. Aus der Ferne sehen sie schon einige Feuerwehrautos mit Blaulicht. Weitere rücken blitzschnell nach. „Dahinten raucht es!", ruft Tom aufgeregt. Aber Albert kann ihn beruhigen. Er hat den Feuerwehrleuten zugehört und weiß, dass es sich nicht um echtes Feuer handelt – auch wenn es ganz schön raucht. Die BASF-Feuerwehr übt nur. Und das tut sie sogar täglich: Damit jeder genau weiß, was er zu tun hat, falls es wirklich einmal richtig brennen oder einen Unfall geben sollte.

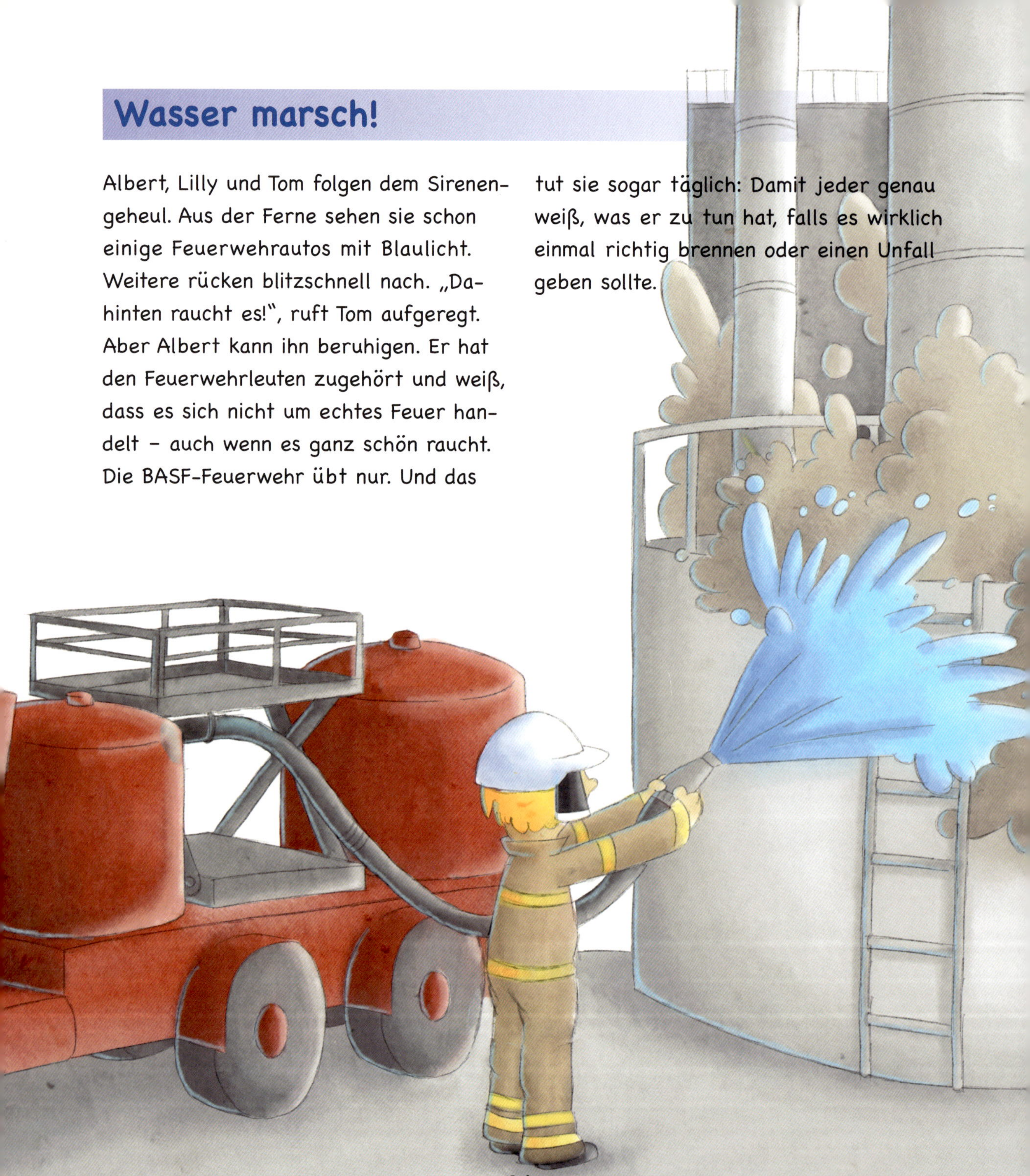

Tom bestaunt die großen Feuerwehrautos mit offenem Mund. „Damit will ich auch mal fahren!" „Glücklicherweise kommen sie nicht allzu oft bei Bränden zum Löscheinsatz", weiß der Zauberer. „Die Feuerwehrleute bekämpfen nämlich nicht nur Brände, sie sorgen auch erfolgreich vor. Zum Beispiel mit speziellen Sicherheitstrainings und Schulungen.

Als Sicherheitsexperten wissen sie, welche Stoffe leicht brennen können und wie sich Unfälle und Feuer am besten vermeiden lassen. Die Werkfeuerwehr hilft übrigens nicht nur auf dem Gelände der BASF, sondern zum Beispiel auch bei Unfällen mit Tanklastern auf der Autobahn."

„Ich will mithelfen", sagt Tom. „Dafür musst du noch ein bisschen wachsen", meint Albert. „Simsala tricks!" Als Trost zaubert er ihm schon mal eine kleine Feuerwehr-Uniform: „Sitzt die nicht wie angegossen?" „Die ziehe ich nie wieder aus!", schwärmt Tom.

Auf die Gesundheit achten

„Kommt mit, ich will euch noch weitere Helfer zeigen", fordert Albert die Kinder zum Gehen auf. „Haben die auch so eine tolle Uniform?" Lilly schaut Tom bewundernd an. „Nein, aber meistens einen weißen Kittel." Die Kinder überlegen, wer das wohl sein könnte ...

Albert lässt die beiden nicht lange rätseln. „Eure Eltern gehen mit euch zum Kinderarzt, damit er euch hilft, wenn ihr Fieber oder Bauchweh habt." „Haben die Arbeiter hier denn auch Bauchweh?", fragt Lilly. Der Zauberer erklärt den Kindern: „Bei BASF arbeiten Ärzte wie in eurer Stadt. Sie helfen und behandeln die Menschen hier, wenn sie krank sind oder sich verletzen.
Und sie kümmern sich auch darum, dass die Mitarbeiter gesund bleiben. Deshalb bieten sie vieles an, wie zum Beispiel Schutzimpfungen gegen Grippe."

Albert schaut mit den Kindern in ein Untersuchungszimmer, in dem die Ärztin einen Laboranten impft. „Schon fertig!", sagt sie und bittet dann den nächsten Mitarbeiter herein.

Hier wird nichts verschwendet

„Überall auf der Welt brauchen die Menschen zum Leben eine intakte Umwelt," erklärt der Zauberer Lilly und Tom. „Deshalb hat die BASF Mitarbeiter, die sich zum Beispiel um die Herstellung von sauberem Trinkwasser oder um die Reinhaltung der Luft kümmern. Und auch für einen schonenden Umgang mit dem Boden, auf dem die Pflanzen für unsere Nahrung wachsen, kümmern sich Mitarbeiter der BASF.

Ihr selbst macht zuhause auch einiges für die Umwelt", sagt der Zauberer zu Lilly und Tom und nennt ein Beispiel. „Was macht ihr mit eurem Abfall?" „Wegwerfen", ruft Tom sofort. „Alles in dieselbe Tonne?" Der Junge schüttelt den Kopf: „Nein, Plastik, Glas, Biomüll und Papier kommen in andere Behälter als der Hausmüll. Damit man daraus neue Sachen machen kann, hat meine Mama gesagt." Mit einem „Simsala tricks" zeigt Albert den Kindern, was aus Plastikabfällen wie Joghurtbechern später werden kann. „Getränkekisten und sogar Sandkästen!", staunt Lilly.

Albert erzählt: „Wer Abfall vermeidet, schont die Umwelt. Auch BASF achtet darauf, dass so viel wie möglich von dem, was an der einen Stelle nicht mehr gebraucht wird, andernorts neu verwertet werden kann. Das betrifft sowohl Energie als auch chemische Stoffe. Dieses BASF-System nennen die Experten Verbund."

Energie miteinander teilen

„Geht ihr auch mit anderen Dingen sparsam um?" „Klar!", sagt Lilly. Beim Zähneputzen dreht sie das Wasser ab, sobald der Zahnputzbecher gefüllt ist. Sie schaltet auch das Licht aus, wenn sie aus dem Zimmer geht. Lillys Eltern haben gesagt, dass Öl, Gas, Kohle, Wasser, Sonne und Wind wichtig für die Gewinnung von Strom und Wärme sind. Man nennt sie Energiequellen. „Da uns nicht unendlich viele Quellen zur Verfügung stehen, müssen wir sorgsam mit ihnen umgehen", stimmt der Zauberer zu.

Albert zeigt den Kindern ein Kraftwerk, in dem die BASF die nötige Energie für ihre Gebäude und Fabriken gewinnt. Für die Steamcracker und andere Anlagen auf dem Gelände wird viel Strom und Wärme gebraucht. „Deshalb ist das Energiesparen hier von noch größerer Bedeutung als zu Hause", sagt der

Zauberer. „Bei der Arbeit im Steamcracker zum Beispiel entsteht zusätzliche Wärme, die in der Anlage nicht mehr benötigt wird. Sie kann dann – ebenso wie andere Stoffe, die hier nicht mehr gebraucht werden – in den benachbarten Fabriken für die Herstellung neuer Produkte genutzt werden."

Mit Kunststoffen auch zu Hause Energie sparen

BASF hilft den Menschen auch beim Energiesparen im eigenen Zuhause. Sind ganze Häuser mit Neopor und Styrodur, den Brüdern des Kunststoffs Styropor, verkleidet – Experten nennen das „dämmen" –, schützt das die Bewohner im Winter vor Kälte und im Sommer vor Hitze.

Albert erklärt Lilly und Tom, dass Kunststoffe viel mehr als nur das sind, was oft einfach Plastik genannt wird. Manche bringen uns mit ihrer Vielseitigkeit richtig ins Staunen. Mit einer Ummantelung aus Styropor zum Beispiel bleibt die neue Kaffeemaschine in der Verpackung heil.

Kunststoffe können hart, weich, stabil oder formbar sein. Auch du kennst vieles, was aus Kunststoffen hergestellt wird, von zu Hause und aus dem Kindergarten. Zum Beispiel die bequeme Schaumstoffmatratze zum Träumen und Spielen, das Spielpferd, mit dem du hüpfen kannst, das Pflaster, das beim Schwimmen nicht abfällt, und auch buntes Plastikgeschirr.

Große Rechen und kleine Schmutzfresser

Wasser ist für BASF von besonderer Bedeutung. Viele große Standorte sind am fließenden Wasser gebaut. Die Kühlung der Anlagen ist ein Grund dafür. Ein weiterer: Über einen Fluss und das Meer lassen sich Rohstoffe und Produkte gut und schnell mit Schiffen transportieren.

Wasser ist aber nicht alleine zum Kühlen und für den Transport da, sondern es wird auch für die Herstellung von Produkten gebraucht und dabei verunreinigt. Deshalb reinigt die BASF das verschmutzte Wasser in Kläranlagen.

„Tom, wofür brauchst du Wasser im Bad?", fragt Albert. „Waschen und Zähne putzen!", antwortet Tom. Albert erklärt: „Dabei wird sauberes Wasser aus dem Hahn schmutzig und fließt in die Rohre unter der Erde zu einer Kläranlage. Dort wird es gereinigt."

Tom will wissen, wie es in einer Kläranlage aussieht. Denn die gibt es auch bei der BASF. Auch hier muss das benutzte Wasser gereinigt werden. „Mit Seife und Putzeimern?", fragt Lilly. „Nein, das funktioniert anders", lacht Albert.

Die Mitarbeiter in der Kläranlage bedienen viele Geräte und Maschinen wie zum Beispiel große Rechen, die erstmal größere Schmutzteile aus dem Wasser fischen.

„Und was passiert dann in den riesigen Becken?", hakt Tom bei dem schlauen Zauberer nach. „Dort fressen winzige Lebewesen, die Bakterien heißen, Schmutzstoffe weg. Wir können sie mit bloßem Auge gar nicht erkennen. Erst wenn das gereinigte Wasser durch die Nachklärung auch von den Bakterien befreit ist, wird es zurück in die Natur geleitet."

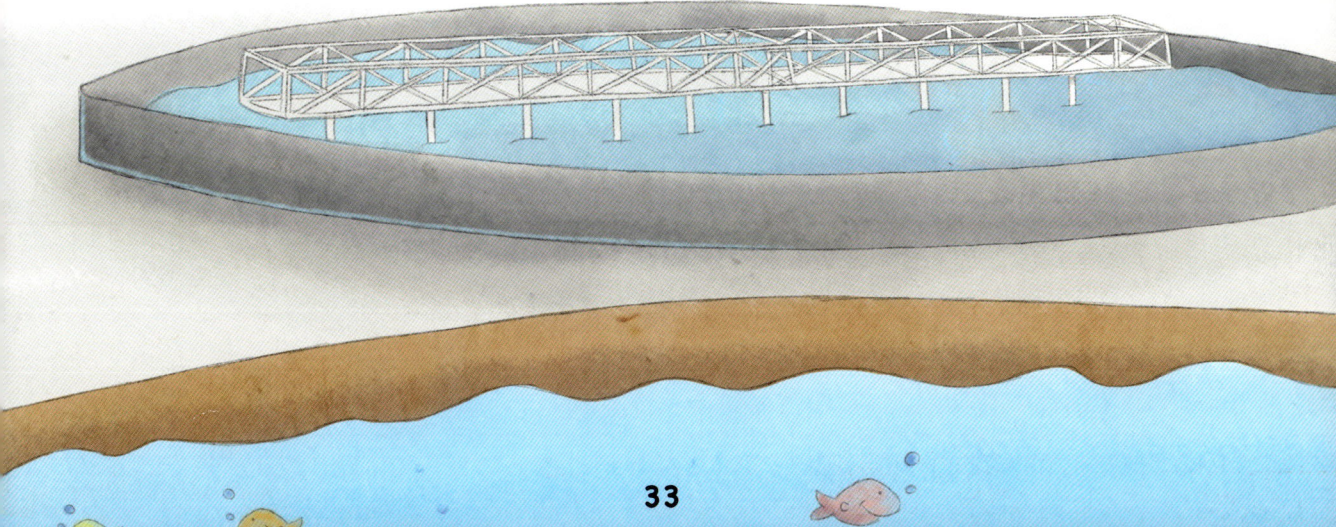

Auch Pflanzen brauchen Schutz

Albert hat noch eine Überraschung für Lilly und Tom. „Simsala tricks: Wir fliegen mit dem Teppich – ganz fix – nach Santo Antonio de Posse in Brasilien."

Schon im Landeanflug kann Tom riesige Felder und Menschen, die dort arbeiten, erkennen. „Arbeiten hier auch Chemiker?", fragt Lilly. „Nicht nur Chemiker", antwortet Albert, „sondern auch Biologen und Landwirte. So wie Chemiker Experten für sichtbare und unsichtbare Stoffe sind, wissen Biologen viel über das, was Pflanzen, Tiere und Menschen brauchen, damit es ihnen gut geht."

„Und was machen die Biologen hier?",
wundert sich Tom. „Auch Pflanzen können krank werden", sagt Albert. „Zum
Beispiel durch Winzlinge wie Blattläuse
oder Pilze. Damit sie gesund bleiben,
entwickeln die Biologen gemeinsam mit
den Chemikern Rezepte zur Bekämpfung
der Schädlinge. Sie untersuchen, ob die
Mittel nützlich und hilfreich sind, und
erforschen ihre Wirkung auf Pflanzen
und Tiere."

Gefräßige Schädlinge stoppen

Der Zauberer weiß noch mehr: „Die Mittel können zum Beispiel Kartoffelkäfer
stoppen, die Felder ratzekahl fressen,
wenn die Landwirte nichts gegen sie
unternehmen. Oder auch Kornkäfer, die

klammheimlich bereits geerntetes Getreide
verputzen. Von den Pflanzen und Vorrä-
ten, die von Schädlingen vernichtet werden, könnten sehr viele Menschen satt
werden."

Aha! Überall, wo es Rezepte
gibt, kommt es auf die richtige Dosis an – in der Chemie,
beim Arzt oder auch beim Kochen. Ohne Salz ist das Essen oft
fad, zu viel von dem Gewürz verdirbt den
Geschmack und ist zudem ungesund.
Auch beim Pflanzenschutz ist das richtige Maß wichtig, um Menschen und Natur
zu helfen und nicht zu schaden. Die Mitarbeiter von BASF erforschen die Mittel
und ihre Wirkungen, schreiben Gebrauchs-
anleitungen und beraten die Landwirte.

Lilly hat in ihrem Garten schon Erfahrungen mit anderen Schädlingen gemacht: „Zu Hause rupfe ich mit Mama und Papa Unkraut im Gemüsebeet." „Auch Landwirte müssen etwas gegen das Unkraut auf ihren riesigen Feldern unternehmen. Nur dann haben die Nutzpflanzen genug Platz und Nährstoffe, um zu gedeihen und gesund zu bleiben", erklärt Albert. Deshalb haben die Chemiker und Biologen bei BASF wirkungsvolle Mittel gegen Unkraut entwickelt, die den anderen Pflanzen und Tieren nicht schaden.

Aus Pflanzen wird Nahrung

Bei BASF arbeiten auch Landwirte. Mit ihrem Wissen tragen sie dazu bei, dass aus der Pflanzen-Saat in vielen Ländern eine große Ernte wird. Der Zauberer fragt die Kinder: „Könnt ihr euch vorstellen, warum wir eine riesengroße Menge an Pflanzen brauchen?" Tom schüttelt den Kopf. „Schon heute gibt es fast 7 Milliarden Menschen auf der Welt. Und es werden immer mehr. Alle brauchen genug zu essen, um wie ihr groß und stark zu werden. Die Pflanzen versorgen uns mit Nahrung. Aus Getreide wird zum Beispiel Brot und aus Sojabohnen entstehen Speiseöl und Tierfutter." „Zauberst du uns etwas zu essen?", unterbricht Lilly den Zauberer. „Lieber nicht, mein Zauberstab und ich können nicht gut kochen", lacht Albert.

Müde und etwas hungrig fliegen Albert und die Kinder wieder zurück nach Ludwigshafen. Als sie noch mal an der BASF-Stadt vorbeikommen, schwärmen Lilly und Tom: „Wir haben heute so viel erlebt. Das wollen wir unbedingt unseren Freunden erzählen!"

Kannst du dich erinnern?

Tom und Lilly lieben Rätsel. Ihr auch? Macht mit und versucht, die Bilder richtig zuzuordnen. Wenn ihr euch mal nicht so genau erinnert, könnt ihr die Antworten mit Hilfe eurer Eltern in diesem Buch nachschlagen.

Bilderrätsel

1. Brot wird gemacht aus ...?
2. Rollen aus Kunststoff hat der ...?
3. Erdöl ist der Rohstoff für die ...?
4. Aus Wasser wird bei Kälte ...?
5. Luft für ihre Flamme braucht die ...?
6. Feuerwehrleute tragen bei der Arbeit eine ...?
7. Neopor und Styrodur heißen die „Brüder" des ...?
8. Schmutzwasser fließt zum Reinigen in die ...?
9. Erdgas ist zu Hause auch wichtig für die ...?
10. Chemiker forschen im ...?
11. Der Steamcracker der BASF arbeitet unermüdlich wie ein ...?

Lösung: 1j, 2b, 3h, 4c, 5i, 6a, 7e, 8d, 9g, 10f, 11k